Генри Нс

Во имя Иисуса

Размышления
о христианском руководстве

Издательство «Вера и святость»
Христианское общество «Библия для всех»
Санкт-Петербург
2010

ББК 86.376
УДК 242
Н85

Henri J. M. Nouwen
IN THE NAME OF JESUS
Copyright © October 1992 by Henri M. Nouwen
The Crossroad Publishing Company
ISBN 0824512596
This edition published by arrangement
with Nazarene Publishing House.
All rights reserved.
Издано «Церковью Назарянина»

Автор этой книги, опытный священник, размышляет о том, каким должен быть пастырь и его взаимоотношения с пасомыми, и приходит к неожиданному выводу, что церкви нужно «руководство, зиждущееся не на власти, а на бессилии и смирении, в которых открылся страдающий Слуга Божий Иисус Христос». Что подразумевает такое служение? Должны ли прихожане знать мысли и чувства пастыря? Чем любовь Божья отличается от человеческой? Свои ответы на эти вопросы предлагает читателю Генри Ноуэн. Книга будет интересна не только священникам, но и всем верующим, не равнодушным к жизни церкви.

Богословские редакторы
О. А. Дружинина, А. В. Шиповалов
Технический редактор Д. Б. Тимофеев
Корректор А. Ю. Лосева
Дизайнер обложки О. Н. Зверева

Охраняется законодательством об авторском праве. Никакая часть этой книги не может копироваться и публиковаться никакими средствами (печатными, фотографическими, электронными, звукозаписывающими и пр.) без предварительного письменного разрешения владельца авторских прав.

ISBN 978-5-7454-1209-7

*Посвящается
Мюррей Мак-Доннел*

Предисловие

Я являюсь давним поклонником творчества Генри Ноуэна и поэтому с радостью откликнулся на предложение написать это предисловие. Он написал этот небольшой труд для тех людей, которые занимаются руководящей работой в церкви, и в частности для священников. Генри прекрасно знает, что мы подвержены искушениям, как подвергался им и наш Господь, «чтобы мы были готовы», чтобы мы достигали великих целей в исполнении Божьей воли, а не просто откликались на ту любовь, которую Иисус первым даровал нам; «чтобы быть результативными», а не просто смиренными, понимая при этом свою немощь и ограниченность; «чтобы быть сильными», а не просто *быть*, при этом с любовью нести служение и отдавать этому делу все свои силы.

Всегда нужно помнить о тех опасностях и ловушках, которые подстерегают каждого, кто выполняет руководящую работу в церкви. Это нужно нам всем. В то же время священники, как и все люди вообще, нуждаются в ободрении, и особенно это актуально для нашего времени. Не будем здесь анализировать причины этого. Генри Ноуэн прекрасно понимает нужды священников и напоминает нам в этой книге о силе и интимности Божьей любви для каждого из нас.

Он также пишет о той поддержке, которую мы можем оказывать друг другу. Любой труд обретает особую значимость, если его выполнять вместе, а проповеднический особенно. В конце концов, наш Господь посылал Своих учеников по двое и говорил, что где двое или трое собираются вместе во имя Его, там и Он находится среди них. Генри Ноуэн вел беседы, которые легли в основу этой книги, с одним из своих сотрудников — это был Билл Ван Бюрен, активный член общины «Ковчег», в которой сейчас Генри и живет. Билла тоже нужно упомянуть в этом предисловии, потому что, как сам Билл сказал, «мы выполняем эту работу все вместе, не так ли?».

Кардинал Базиль Хьюм
Архиепископ Вестминстерский

Благодарность

Многие люди оказали мне неоценимую помощь в написании этой небольшой книги. Я хотел бы выразить особую благодарность Кони Элис за секретарскую работу, Конраду Уицореку за умелое редактирование рукописи и Сью Мостеллер за глубокий комментарий содержания книги. Хочу также поблагодарить Боба Хеллера, президента «Кроссроуда», предложившего опубликовать написанное в виде книги.

Необыкновенно вдохновляет отклик на книгу «Во имя Иисуса» Гордона Козби и Дианы Чемберз из вашингтонской церкви Спасителя, рассказавших мне, что в созданной под эгидой церкви Школе лидерского служения стремятся формировать христианских руководителей, основываясь на понимании руководства, представленном на страницах этой книги. Школа ставит целью воспитание таких христианских руководителей, для которых молитвенная жизнь, исповедь и прощение грехов в общине были бы неразрывно связаны со служением бедным.

Школа лидерского служения предоставляет уникальную возможность совершить духовное путешествие с непрестанной молитвой и преданным служением в неразрывной связи друг с другом в духе учения Иисуса.

Я бесконечно рад тому, что мысли, высказанные в этой книге, находят конкретное выражение в школе христианского ученичества.

Пролог

Навестив меня однажды в общине Дэйбрейк, поблизости от Торонто, мой друг Мюррей Мак-Доннел предложил мне выступить на вечере, посвященном пятнадцатилетию Центра человеческого развития в Вашингтоне, и поделиться своими мыслями о христианском руководстве в двадцать первом веке. Хотя я лишь незадолго до этого стал священником в Дэйбрейке, в общине Ларка для умственно неполноценных людей, мне не хотелось огорчать Мюрея, который будучи председателем совета Центра человеческого развития, отдал Центру много времени и сил. Я был знаком и с отцом Винсентом Дуайером, основателем Центра, и восхищался тем, как он помогал священникам и служителям обрести твердость духа и воли. Итак, я согласился.

Но уже приняв приглашение, я понял, что говорить о христианском руководстве в наступающем веке будет отнюдь не легко.

Моими слушателями должны были быть в основном священники, всецело преданные служению своим собратьям-священникам. О чем мог я сказать тем, кто целыми днями думали о будущем священства и служения в Церкви? Кроме того, я не знал, как заглянуть за порог нового века, ведь в пятидесятые годы, как мне казалось, никто не мог предвидеть того, в каком положении окажутся сегодня большинство священников. И все же... чем больше я говорил себе: «Я не смогу», тем сильнее ощущал желание облечь в слова свое понимание служения, претерпевшее изменения с тех пор, как я оказался в общине Дэйбрейк. Многие годы я вел занятия, посвященные подготовке к служению. И теперь, оставив академическую среду, призванный быть священником в общине для умственно неполноценных людей и ухаживающих за ними, я задавался вопросом: «Как я стану жить теперь, после того, как на протяжении двадцати лет я готовил молодых людей к служению? Как в новых условиях?»

Я осознал, что не нужно беспокоиться о завтрашнем дне, следующей неделе, о будущем годе или будущем столетии. Чем больше я буду стремиться беспристрастно оценивать свои ежеминутные мысли, слова и поступки, тем легче мне будет ощутить действие Духа Божия, ведущего меня в будущее. Бог пребывает с нами всегда, и, если прислушаться к Его голосу именно сейчас, Он укажет путь в будущем. «Не заботьтесь о завтрашнем дне, — говорит Иисус, — ибо завтрашний *сам* будет заботиться о своем: довольно для *каждого* дня своей заботы» (Мф. 6:34).

С этими мыслями я начал описывать то, как я воспринимаю жизнь в Дэйбрейке, пытаясь выделить те вещи, которые могли бы быть полезными для священников и служителей, живущих в иных условиях. Так возникла эта книга.

Прежде чем завершить вступление, должен сказать вам, читатели этой небольшой книги, что я отправился в Вашингтон не один. Готовясь к своему выступлению, я осознал, что Иисус посылал учеников проповедовать Слово не в одиночку, а по двое. И тогда я подумал о том, что кто-то должен поехать вместе со мной. Если сейчас я живу среди неполноценных людей, почему бы не пригласить кого-то из них присоединиться к моему служению?

После некоторых раздумий было решено послать со мною Билла Ван Берена. С тех пор как я оказался в Дэйбрейке, мы подружились с Биллом. Он был явно способнее других изъясняться при помощи слов и жестов. С самого начала он выказал неподдельный интерес к моей деятельности и предложил помогать мне во время службы. Однажды он признался, что не был крещен, и выразил искреннее желание принадлежать Церкви. И я предложил ему посещать приходские занятия для желающих креститься. Каждый четверг вечером Билл неизменно отправлялся на занятия в местном приходе. И хотя умственные способности не позволяли ему воспринимать долгие и порой сложные лекции и обсуждения, он в полной мере ощущал единение с готовящимися к крещению. Он чувствовал, что его любят и воспринимают как равного. Билл много приобрел и, наделенный щедрым сердцем, был очень отзывчив. Крещение, конфирмация и первое причастие во

Пролог

время пасхальной заутрени стали событием в его жизни. Выразить в полной мере свои чувства словами Билл не мог, но он познал прикосновение Иисуса и новое рождение от воды и Святого Духа.

Часто я рассказывал Биллу о том, что пережившие крещение и конфирмацию обретают новое призвание, призвание возвещать людям благую весть Иисуса. Билл всегда внимательно слушал меня, и теперь, когда я пригласил его отправиться со мной в Вашингтон на встречу со священниками и служителями, он воспринял это как предложение участвовать в моем служении. «Мы все делаем вместе», — несколько раз говорил он перед отъездом. «Да, — отвечал я, — мы все делаем вместе. Мы с тобой отправляемся в Вашингтон возвещать Евангелие». Билл согласился без колебаний. И в то время как я очень тревожился, Билл был полон решимости. Я все еще расценивал участие Билла как, в первую очередь, нечто полезное для него, Билл же с самого начала был убежден в том, что он будет помогать мне. Оказалось, он был прав. Когда мы ступили на борт самолета в

Торонто, Билл напомнил мне: «Мы все делаем вместе, правда?» — «Да, Билл, — ответил я, — конечно».

Я перескажу вам то, о чем говорил в Вашингтоне, а затем подробно опишу происходившее и объясню, почему присутствие Билла, вероятнее всего, было более действенно, нежели мои слова.

Введение

Просьба поделиться мыслями о христианском руководстве в будущем веке взволновала меня. Что я могу сказать о следующем столетии, если испытываю растерянность всякий раз, когда меня спрашивают о будущем месяце? После долгих колебаний я решил остаться верным самому себе. Я спросил себя: «Какие решения ты принял в последнее время и каким образом они отражают твое восприятие будущего?» Ведь я должен верить в то, что Бог руководит мною и мое внутреннее состояние и происшествия моей жизни составляют часть более масштабных изменений, мельчайшей частицей которых являюсь я.

Проведя двадцать лет в академической среде как преподаватель пасторской психологии, пасторского богословия и христианской духовности, я почувствовал, что в сердце закрадывается тревога. Переступив порог своего пятидесятилетия, я понимал, что едва ли проживу вдвое больше. И передо мной встал вопрос, стал ли я с возрастом ближе к Иисусу. Будучи священником уже двадцать пять лет, я стал ощущать, что моя молитва оскудевает, что я живу несколько обособленно от людей, излишне отдаюсь разрешению животрепещущих вопросов. Все говорили, будто я преуспеваю, но что-то подсказывало мне: успех подвергает мою душу опасности. Я стал задаваться вопросом, не являются ли отсутствие созерцательной молитвы, одиночество и постоянная погоня за наиболее насущным признаками того, что Дух постепенно угасает. Мне было очень трудно разобраться в этом, и вот однажды — хотя я никогда не говорил об аде и лишь в шутку упоминал его — я проснулся с осознанием, что живу во мраке и психологический термин «перегорание» есть не что иное, как удобная замена понятия духовная смерть.

Все это время я не переставал молиться; «Господи, укажи, куда мне идти, и я пойду за Тобой, только, пожалуйста, дай мне ясный ответ!» И Бог дал ответ. Через Джин Веньер, основательницу общины для умственно отсталых людей Ларка, Бог сказал: «Пойди к нищим духом, живи среди них, и они исцелят тебя». Призыв был настолько ясным, что мне оставалось только последовать ему. И я оставил Гарвард, покинул выдающихся, стремящихся править миром и поселился в Ларке, среди тех, кто не мог (или почти не мог) говорить и чей вклад в жизнь общества в лучшем случае считали несущественным. Перемена была болезненной, и я до сих пор еще не привык к происшедшему. После двадцати лет свободы, когда я мог отправиться куда угодно и был волен рассуждать на любую тему, уединенная жизнь среди людей с поврежденным рассудком, неполноценных физически, которым был необходим строгий распорядок дня и меньше всего требовались слова, вначале не представлялась лекарством от духовного «перегорания». И все же жизнь в Ларке позволяет мне находить новые слова, чтобы говорить о христианском руководстве будущего, потому что именно здесь я столкнулся со всем тем, что ожидает на пути нас, служителей Слова Божьего.

Итак, я представлю вам несколько зарисовок из моей жизни среди умственно неполноценных людей. Надеюсь, они дадут вам некое представление о пути христианского руководства в будущем. В своих размышлениях я буду руководствоваться двумя евангельскими рассказами: рассказом об искушения Иисуса в пустыне (Мф. 4:1-2) и о призвании Петра (Ин. 21:15-19).

·I·
От желания быть нужным — к молитве

Искушение: желание быть нужным

Когда я поселился среди людей с умственными недостатками, меня прежде всего поразило, что их отношение ко мне было никак не связано со всем тем, чем я занимался ранее. Никто не мог читать моих книг, и они не могли ни на кого произвести впечатления; большинство членов общины никогда не ходили в школу, и двадцать пять лет, проведенные мной в Нотр-Даме, Йеле и Гарварде, никому ни о чем не говорили. Мой значительный опыт экуменического общения был еще менее ценным. Однажды во время обеда я предложил помощнику мяса, один из умственно неполноценных членов общины сказал мне: «Не давайте ему мяса, он не ест мяса, он пресвитерианец».

Я не мог пользоваться приемами, действенными в прошлом, и это вселяло тревогу. Неожиданно я оказался лицом к лицу со своим обнаженным «я», которое могли принять или отвергнуть, которому могли раскрыть объятия или нанести удары. Слезы или радость — все зависело от того, как меня воспринимают в данный момент. Казалось, я начинаю жизнь с начала. Теперь нельзя было рассчитывать на знакомства, связи и репутацию.

Это переживание было (и во многом остается) главным в моей новой жизни, поскольку оно заставило меня открыть мою подлинную суть. Мое собственное «я», мои мысли и чувства оказались беззащитными в среде этих искалеченных людей, совершенно не умеющих притворяться, которых я готов был любить несмотря ни на что.

Я рассказываю вам обо всем этом потому, что глубоко убежден: христианский руководитель будущего призван быть совершенно «ненужным», неспособным предложить этому миру ничего, кроме своего уязвимого «я». Так Иисус открыл Божью любовь. Великая весть, которую мы должны нести, как служители Божия Слова и последователи Иисуса, заключается в том, что Бог любит нас не за наши свершения.

Он любит нас за то, что сотворил нас в любви, искупил по любви, избрал нас возвещать эту любовь как источник жизни человека.

Первым искушением Иисуса было желание принести пользу — обратить камни в хлеб. О, как часто я мечтал совершить это! Проходя по новым районам на окраинах Лимы, города в Перу, где дети умирают от недоедания и загрязненной воды, я не смог бы отказаться от волшебного дара превращать пыльные улицы с брусчатыми мостовыми в сказочное место, где камни оказывались бы рогаликами, пирожными или свежеиспеченными сдобными булочками и где, черпая воду из цистерн, люди с восторгом осознавали бы, что пьют изумительно вкусное молоко. Не призваны ли мы, священники и служители, помогать людям, насыщать голодных и спасать умирающих от голода? Не призваны ли мы совершать нечто такое, что помогло бы людям осознать, что мы действительно изменяем их жизнь? Не призваны ли мы исцелять больных, кормить голодных и облегчать страдания бедных? Перед Иисусом стояли те же вопросы, но когда Он мог доказать Свою силу как Сына Божия, превратив камни в хлеб, Он, оставшись верен Своей миссии возвещать Слово, сказал: «Не хлебом единым жив человек, но всяким словом, исходящим из уст Божиих».

Зачастую наибольшие огорчения причиняет служителям низкая самооценка. Многие священники и служители все больше ощущают бесплодность своей деятельности. Усилия оказываются напрасными, не приносят ощутительных перемен. Все меньше людей посещают церковь, а психологи, психиатры, семейные консультанты и врачи, как выясняется, часто пользуются большим доверием, нежели священники. С горечью осознают многие христианские руководители, что все меньше молодых людей хотят идти по их стопам. В нынешнее время, кажется, не стоит посвящать свою жизнь христианскому служению. Вместе с тем все больше критических замечаний звучит в церкви. Как не впасть в уныние в подобной обстановке? Мир вокруг нас заявляет в полный голос: «Мы можем позаботиться о себе. Нам не нужны

Бог, Церковь или священник. У нас все в порядке, а если нет, нам нужно прилагать больше усилий. Проблема не в недостатке веры, но в недостатке компетентности. Если вы больны, вам нужен компетентный врач; если вы нищенствуете, вам нужны компетентные политики; в случае технических проблем, вам нужны опытные инженеры; в случае войны, нужны компетентные люди, которые могли бы вести переговоры. Бог, церковь и служитель на протяжении столетий восполняли отсутствие компетентных людей, но сегодня недостаток компетентности восполнен иным образом, и нам больше не нужны духовные ответы на практические вопросы».

В обстановке секуляризации христианские руководители чувствуют, что их участие в жизни людей становится все менее значимым. Многие оставляют служение и посвящают себя новому роду деятельности, присоединяясь к современникам в попытке внести свой вклад в создание лучшего мира.

Но задумаемся вот о чем. Великие достижения нашего времени скрывают подводное течение отчаяния. В то время как наше общество всецело устремляется к благополучию, одиночество, вызванное отсутствием дружеских, близких отношений, скука, чувство пустоты и подавленность, ощущение собственной ненужности наполняют сердца миллионов людей в нашем мире, ориентированном на успех.

Брет Истон Элис в романе «Меньше нуля» ярко описывает нравственную и духовную нищету, скрывающиеся за современным фасадом богатства, успеха, известности и власти. В экспрессивной манере автор описывает жизнь детей богачей Лос-Анджелеса, в которой царят секс, наркотики и насилие. В этом мраке нравственного упадка ясно слышится крик: «Любит ли меня кто-нибудь, есть ли кому-нибудь до меня дело? Готов ли кто-нибудь быть со мной, когда мне плохо, когда я неутешен? Кто-нибудь, кому я нужен?» Ощущение собственной ненужности гораздо более распространенное переживание, чем можно было бы предположить, глядя на наше кажущееся самоуспокоенным общество. Новые методы лечения и трагическое увеличение количества абортов могут значительно уменьшить число людей с умственными недостатками в нашем обществе, но становится все более очевидным тот факт, что все больше людей страдают от глубинных нравственных и духовных недостатков, не имея ни малейшего представления о том, куда обратиться за помощью.

И вот тут-то становится понятной потребность в христианском руководстве нового рода. Руководителем будущего будет тот, кто осмелится признать свою ненужность в современном мире как божественное призвание, которое позволяет разделить боль, скрывающуюся за блеском успеха, и принести людям свет Иисуса.

Вопрос: «Любишь ли ты Меня?»

Прежде чем дать Петру поручение быть пастырем, Иисус спросил его: «Симон, сын Ионин, любишь ли ты Меня больше, нежели они?» И вновь спросил Он: «Любишь ли ты Меня?» И в третий раз задал вопрос: «Любишь ли ты Меня?» В христианском служении эти слова должны быть для нас главными, поскольку они позволяют нам уверенно нести свое служение, будучи «ненужными».

Взгляните на Иисуса. Мир не обратил на Него никакого внимания. Он был распят и забыт. Принесенная Им весть о любви была отвергнута миром, устремленным к власти и благополучию. Но вот Он предстает с ранами на Своем прославленном теле нескольким друзьям, имевшим глаза, чтобы видеть, уши, чтобы слышать и сердца, чтобы разуметь. Отвергнутый, неизвестный, израненный, Иисус просто спрашивает: «Любишь ли ты Меня?» Тот, Кто возвещал безусловную Божью любовь, спрашивает лишь об одном: «Любишь ли ты Меня?»

Вопрос не в том, ценят ли тебя люди, не в том, чего ты добиваешься и велики ли будут плоды твоей деятельности. Но в том, любишь ли ты Иисуса. Наверное, можно было бы сформулировать вопрос иначе: познал ли ты воплотившегося Бога? В этом мире одиночества и отчаяния бесконечно нужны те, кто познали Бога — прощающего, заботливого, открытого людям и готового исцелять. В Нем нет предубеждения, мстительности, нет злобы, нет и тени ненависти. Он стремится лишь дарить любовь и принимать любовь ответную. Он бесконечно страдает, видя всю человеческую боль и страшное нежелание довериться Тому, Кто стремится подать утешение и надежду.

Христианский руководитель будущего — тот, кто познал сердце Бога, ставшего плотью, «плотяное сердце» Иисуса. Знать Божье сердце означает постоянно возвещать, наглядно открывать людям: Бог есть любовь и только любовь, и всякий страх, одиночество или отчаяние, наполняющие человеческую душу, исходят не от Бога. Быть может, это звучит даже банально, но очень немногие знают о том, что они безгранично любимы, невзирая ни на что. Эту безусловную, безграничную любовь евангелист Иоанн называет первоначальной Божьей любовью. «Будем любить Его, потому что Он прежде возлюбил нас» (1 Ин. 4:19). Любовь, которая сеет в нас сомнения, разочарование, раздражение и горечь есть любовь вторичная. Это ободрение, привязанность, симпатия и поддержка наших родителей, учителей, жен или мужей, друзей. Все мы знаем о том, как ограниченна, несовершенна и хрупка их любовь. За всеми проявлениями вторичной любви остается возможность быть отвергнутым, покинутым, наказанным; может последовать шантаж, насилие и даже ненависть. Множество современных кинофильмов и театральных пьес представляют изменчивость человеческих отношений. Нет друзей, супругов или общин, которые бы остро не ощущали ограниченность вторичной любви. Часто кажется, что за каждодневными радостями непременно последуют роковые неприятности, имя которым: отверженности, предательство, разлад и утраты. Все это теневые стороны вторичной любви, разочарования, скапливающиеся в человеческом сердце.

Благая весть заключается в том, что вторичная любовь есть лишь искаженное отражение первоначальной любви, даруемой нам Богом, в Котором нет никакой тьмы. Иисус воплощает первоначальную любовь Бога, которая не имеет теневых сторон. Божье сердце источает потоки живой воды. Он громко возглашает: «Кто жаждет, иди ко Мне и пей» (Ин. 7:37). «Придите ко Мне все труждающиеся и обремененные, и Я успокою вас; возьмите иго Мое на себя и научитесь от Меня, ибо Я кроток и смирен сердцем, и найдете покой душам вашим» (Мф. 11:28-29).

Из Божьего сердца исходят слова: «Любишь ли ты Меня?» Знать Иисуса и любить Его — одно и то же. Сердце Иисуса познается сердцем. И живя в мире с этим знанием, мы несем исцеление, примирение, обновление и надежду туда, где нам доводится оказаться. Желание быть нужным, иметь успех постепенно исчезнет, и единственным нашим желанием будет всем своим существом убедить людей, наших братьев и сестер: «Вас любят. Не бойтесь. В любви Бог сотворил вас, и соткал вас во чреве матери» (см. Пс. 138:13).

Путь: созерцательная молитва

Для того чтобы жить, утверждаясь в познании Божьей первоначальной любви, а не руководствуясь желанием быть нужным, необходимо быть мистиками. Мистиком является тот, кто осознает себя укорененным в Божьей первоначальной любви.

Если на чем-то и нужно сосредоточиться христианскому руководителю будущего, то это на пребывании в присутствии Того, Кто постоянно вопрошает нас: «Любишь ли ты Меня? Любишь ли ты Меня? Любишь ли ты Меня?» Это путь созерцательной молитвы. Посредством созерцательной молитвы мы можем избежать того, чтобы насущные проблемы поглощали нас, отчуждая от паствы и от Бога. В поездках, зачастую вблизи насилия и войны, с созерцательной молитвой мы в безопасности и покое. Созерцательная молитва укрепляет в нас сознание того, что мы уже свободны, что мы уже нашли место для жилья и уже принадлежим Богу, хотя все и вся вокруг убеждает в обратном. Священникам и служителям будущего недостаточно быть нравственными людьми, хорошо обученными, недостаточно стремиться помочь своим собратьям и откликаться на животрепещущие вопросы современности. Все это очень ценно и важно, но не в этом суть христианского руководства. Главное для руководителей будущего быть Божьими людьми, страстно желающими пребывать в Божьем присутствии, слушать Его голос, созерцать Его красоту, прикасаться к воплощенному Божьему Слову и в полной мере принимать бесконечное благословение Бога.

Изначально слово «богословие» имело значение «единение с Богом в молитве». Сегодня богословие превратилось в одну из научных дисциплин, и богословам зачастую трудно искренне предаваться молитве. Но для христианского руководства будущего жизненно важно возродить мистический аспект богословия, с тем чтобы всякое слово, всякое суждение и учение исходили из сердца, познавшего Бога. У меня создалось впечатление, что во многих случаях в спорах, которые ведутся в церкви по поводу папства, рукоположения женщин, брака священников, гомосексуализма, использования средств контрацепции, абортов и эфтаназии на первый план выходит вопрос о том, нравственно это или нет. Сторонники различных мнений сражаются, зачастую забывая о первоначальной любви Бога, которая лежит в основе всех человеческих отношений. Слова «правые», «реакционные», «консервативные», «либеральные», «левые» описывают те или иные взгляды, и подчас обсуждения больше походят на политические баталии, на битву за власть, нежели на духовный поиск истины.

Христианским руководителем не может быть тот, кто просто хорошо осведомлен обо всех жгучих вопросах нашего времени. Руководство должно корениться в близких отношениях с воплощенным Словом, Иисусом; Он должен стать источником суждений и наставлений. Через созерцательную молитву христианские руководители должны учиться слушать голос любви, и в ней черпать мудрость и силы для всякого дела. Разрешение жгучих вопросов приводит к разделению, если мы отдаляемся от Бога; прежде чем мы успеваем осознать это, наше «я» оказывается во власти наших взглядов по тому или иному вопросу. Но если мы пребываем с Богом, мы способны сохранять гибкость, не превращаясь в релятивистов; оставаться убежденными, не будучи непримиримыми; мы можем спорить, не будучи агрессивны; сохранять кротость и готовность прощать, без обиды, свидетельствовать, не оказывая давления.

Христианскому руководству необходимо совершить переход от нравственного к мистическому, для того чтобы принести плоды в будущем.

·II·
От тщеславия — к служению

Искушение: стремление производить впечатление

Позвольте рассказать вам еще об одном открытии, которое я сделал, оказавшись в Ларке. Речь пойдет о совместном служении. Из семинарии я вынес представление о служении как о чем-то сугубо личном. Я должен был быть хорошо обучен, и считалось, что после шести лет, проведенных в семинарии, я готов проповедовать, совершать таинства и окормлять прихожан. Я ощущал себя человеком, отправляющимся в очень долгое путешествие с огромным рюкзаком за плечами, в котором собрано все необходимое для помощи тем, кто встретится на пути. У меня были с собой ответы на вопросы, решения проблем, болеутоляющие средства. Нужно было только правильно выбрать, что использовать в каждом случае. С годами я понял, что все не так просто, но подход к служению остался индивидуалистическим. Преподавательская деятельность еще в большей степени способствовала моей независимости. Я мог избрать предмет, который хотел преподавать, свой метод обучения, а порой и студентов. Никто не стал бы ни во что вмешиваться. Покидая класс, я был волен заниматься чем угодно. В конце концов, каждый имеет право на личную жизнь!

В Ларке мой индивидуализм натолкнулся на серьезные препятствия. Я оказался всего лишь одним из тех, кто пытались быть преданными неполноценным людям, и тот факт, что я священник, не давал мне права действовать самовольно. Все хотели знать, чем я занимаюсь в каждый конкретный момент, и я должен был давать отчет во всех своих действиях. Один из членов общины всегда сопровождал меня; несколько человек помогали выбирать приглашения, которые нужно принять; а другие члены общины постоянно задавали вопрос: «Ты останешься сегодня вечером дома?» Однажды я не попрощался перед отъездом с Тревором, одним из умственно неполноценных людей. Я добрался до места назначения, и первым, кто мне позвонил, был Тревор, который плачущим голосом спросил: «Генри, почему ты нас покинул? Мы так скучаем по тебе, пожалуйста, возвращайся».

Живя в общине с искалеченными людьми, я осознал, что большую часть жизни прожил подобно канатоходцу, который идет по тонкому канату, натянутому на большой высоте, и всякий раз, когда ему удается удержаться и не упасть, ждет аплодисментов.

Во второй раз сатана искушал Иисуса совершить нечто эффектное, нечто такое, что вызвало бы восхищение. «Бросься вниз с крыла храма, и пусть ангелы подхватят Тебя и понесут на руках». Но Иисус отказался от зрелищности. Он пришел не для того, чтобы показать Себя, не для того, чтобы, ходя по раскаленным углям, глотая огонь или кладя руки в пасть льва, убедить, что может сказать нечто достойное внимания. «Не искушай Господа Бога твоего» — были Его слова.

Глядя на сегодняшнюю церковь, легко заметить преобладание индивидуализма среди служителей и священников. Не многим из нас есть чем гордиться, и все же большинство служителей считают, что если они могут проявить себя тем или иным образом, то должны непременно быть первыми. Многие из нас ощущают себя неудачниками: мы оказались не в силах привлечь в церковь тысячи людей и обратить многих в веру, у нас недостает таланта для того, чтобы создать прекрасную литургию, мы не столь популярны среди молодежи или людей старшего поколения, как надеялись, и неспособны так откликнуться на нужды людей, как хотели бы. Но вместе с тем многие считают, что в идеале мы должны были бы суметь во всем достичь успеха. Геройство, стремление стать звездой, столь характерные для нашего общества, исполненного духа соперничества, чужды церкви. Но и в церкви господствует идеал человека, достигшего всего собственными силами.

Поручение: «Паси овец Моих»

Трижды задав Петру вопрос: «Любишь ли ты Меня?», Иисус говорит: «Паси агнцев Моих, паси овец Моих, паси овец Моих». Удостоверившись в любви Петра, Иисус поручает ему служение. В контексте современной культуры мы можем воспринять слова Иисуса как наказ совершить героическую миссию. Однако говоря о пастырстве, Иисус не подразумевает служение отважного одинокого пастыря, заботящегося о большом стаде покорных овец. Различными способами Он показывает, что пастырство является общим и обоюдным служением.

Прежде всего Иисус посылает двенадцать по двое (Мк. 6:7). Мы забываем о том, что посланы по двое. Мы не можем нести благую весть в одиночку, и призваны возвещать Евангелие сообща. В этом сказывается божественная мудрость. «Истинно также говорю вам, что если двое из вас согласятся на земле просить о всяком деле, то, чего бы ни попросили, будет им от Отца

Моего Небесного, ибо, где двое или трое собраны но имя Мое, там Я посреди них» (Мф. 18:19-20). Возможно, вы уже открыли для себя кардинальное отличие одинокого путешествия от совместного. Я вновь и вновь обнаруживаю, как тяжело сохранять подлинную верность Иисусу в одиночестве. Мне необходимо, чтобы братья и сестры молились со мной, обсуждали со мной духовные задачи и побуждали меня сохранять сердечную и телесную чистоту. Но что еще более важно, исцеляет Иисус, а не я; Иисус, а не я произносит слова истины; не я, а Господь Иисус. Это становится очевидным тогда, когда мы сообща провозглашаем искупительную силу Бога. Где бы мы ни несли совместное служение, людям легче осознать тот факт, что мы действуем не во имя свое, а во имя Господа Иисуса, пославшего нас.

В прошлом я много путешествовал, проповедуя, и за все принимался в одиночку. Теперь же всякий раз, когда община посылает меня выступить где-либо, мне стараются найти спутника. Мы здесь вместе с Биллом, и в этом выражается наше представление о том, что мы должны не только жить общиной, но и сообща нести служение. Мы убеждены в том, что Господь, соединивший нас в любви, открывается нам и другими людям тогда, когда мы вместе идем по дороге.

Но вот о чем еще нужно сказать. Служение совершается не только сообща, но и обоюдно. Иисус так говорит о Своем пастырском служении: «Я есмь пастырь добрый; и знаю Моих, и Мои знают Меня. Как Отец знает Меня, *так* и Я знаю Отца; и жизнь Мою полагаю за овец» (Ин. 10:14-15). Иисус хочет, чтобы мы несли служение так же, как Он. Он хочет, чтобы Петр пас Его овец и заботился о них не как о «клиентах», будучи осведомлен об их проблемах, но как о беззащитных братьях и сестрах, которые сами проявляют заботу; прощают, получая прощение; любят, будучи любимы. Мы считаем, чтобы быть добрым пастырем, необходимо держаться на определенном расстоянии от тех, кого мы призваны вести за собой. В медицине, психиатрии, сфере социальной деятельности мы видим образцы одностороннего «служения». Одни люди обслуживают других, и никак нельзя перепутать роли! Но как человек может положить жизнь за тех, с кем ему не позволено иметь близких отношений? Положить жизнь за других — значит открыть другим свою веру и сомнения, надежду и отчаяние, радость и печаль, смелость и страх как путь к Господу жизни.

Мы не целители, мы не примирители и не податели жизни. Мы грешные, несовершенные, беззащитные люди и так же нуждаемся в опеке, как всякий, кого мы опекаем. Тайна служения в том, что мы призваны сделать свою ограниченную любовь дверью в безграничную, безусловную любовь Божью. Таким образом, подлинное служение должно быть обоюдным. В том случае, если члены общины, объединенные верой, не могут узнать и искренне полюбить своего пастыря, пастырство очень быстро становится способом проявлять власть над другими и приобретает диктаторские черты. Тому, кто стремится быть таким пастырем, каким был Иисус, в нашем мире — мире, нацеленном на благополучие и успех, — не найти ничего подобного Его пастырству. Даже так называемая «помощь специалистов» претерпела такое обмирщение, что обоюдность может восприниматься исключительно как слабое место и как опасное смешение ролей. Руководство, о котором говорит Иисус, совершенно иного рода, оно кардинально отличается от мирского. Это — используя термин Роберта Гринлифа[1] — руководство слуги, при котором руководитель является беззащитным слугой, нуждающимся в других в той же мере, в какой нуждаются в нем.

Становится понятным, что Церкви будущего требуется руководство совершенно иного рода — не основанное на власти, подобно руководству в мире, но берущее начало в руководителе-слуге Иисусе, Который пришел положить жизнь ради спасения многих.

Путь: исповедь и прощение

После всего сказанного перед нами встает вопрос: как руководителю будущего преодолеть искушение геройства. Я предло-

---

[1] Robert K. Greenleaf, *Servant Leadership: A Journey into the Nature of Legitimate Power and Greatness* (New York / Ramsey / Toronto: Paulist Press, 1977).

жил бы стать на путь исповеди и прощения. Кроме того что руководитель будущего должен быть мистиком, погруженным в созерцательную молитву, он должен быть всегда готов признать собственное несовершенство и просить прощения у тех, кому служит.

Исповедь и прощение являются формами выражения любви грешных людей друг к другу. Часто у меня возникает впечатление, что священники и служители меньше всех в христианской общине исповедуют свое несовершенство. Таинство исповеди зачастую становится способом скрыть от общины нашу собственную беззащитность. Перечисляются грехи и произносятся ритуальные слова прощения, но редко происходит искренняя встреча, когда можно ощутить примиряющее и исцеляющее присутствие Иисуса. Столько страха и обобщений, такая отстраненность и так мало подлинного общения, что не стоит ждать истинной таинственности.

Какая может быть любовь к священникам или служителям, какая забота о них, если они вынуждены скрывать собственные грехи и поражения от тех, кому служат, и обращаться к посторонним за малейшим утешением? Как могут верующие печься о своих пастырях и поддерживать в них верность священной миссии, если они не знают пастырей и не могут испытывать к ним подлинной любви? Меня вовсе не удивляет, что столько служителей и священников бесконечно страдают от внутреннего одиночества и ощущают огромную потребность в близости с кем-то, а иногда испытывают глубинное чувство вины и стыда перед своей паствой. Часто они думают: «Что было бы если бы прихожане знали о моих чувствах, знали, о чем я думаю и мечтаю, куда уношусь мысленно, сидя в одиночестве в своей комнате?» Именно посвятившие себя духовному руководству с легкостью оказываются во власти откровенно плотских побуждений. Причина в том, что они не знают, как прожить воплощение. Они отделяются от своей общины, стараясь либо игнорировать свои потребности, либо удовлетворять их на стороне, и ощущают все усиливающееся несоответствие между своим внутренним миром и Благой Вестью, которую проповедуют. Когда духовность превращается в спиритуализм, плоть начинает заявлять о себе. Когда служители и священники проживают служение по преимуществу в собственном воображении и относятся к Евангелию как к сборнику ценных идей, которые должны быть проповеданы, телесные желания начинают брать верх. Христианские руководители призваны проживать воплощение, проживать в теле — не только в собственном, но в едином теле общины — и открывать там присутствие Святого Духа.

Именно через исповедь и прощение можно избежать спиритуализма и плотскости и прожить подлинное воплощение. Исповедь выводит темные силы из глубин плоти на свет, и они становятся видны общине. Прощение обезоруживает и изгоняет эти силы, и становится возможным вновь единство тела и духа.

Все это может показаться нереалистичным, но кто соприкасался с такими обществами, занимающимися исцелением, как Анонимное общество страдающих алкоголизмом или Выросшие дети страдающих

II. От тщеславия — к служению

алкоголизмом, видел исцеляющую силу исповеди и прощения. Многие христиане, включая священников и служителей, открыли глубинный смысл воплощения не в своей церкви, а в названных обществах, через двенадцать ступеней исцеления, и познали целительное Божье присутствие в исповедующейся общине тех, кто отваживается искать исцеления.

Все сказанное не означает, что служители или священники должны открывать свои грехи и падения на кафедре или в ежедневном служении. Такое поведение было бы неосмотрительным и нездоровым и вовсе не являлось бы руководством слуги. Сказанное выше означает, что служители и священники призваны быть полноценными членами своей общины. Они несут ответ перед общиной, нуждаются в близких отношениях с общиной и в ее поддержке, они призваны нести служение всем своим существом, в том числе своим уязвимым «я».

Я убежден, что священники и служители, в особенности те, кто несут служение среди людей измученных страданием, сами нуждаются и в сочувствии, и сопереживании своих страждущих и способны вместе с другими познать тайну Божьей любви. Мне посчастливилось обрести такое пристанище в Ларке, среди нескольких друзей, которым небезразличны мои переживания и которые укрепляют во мне верность моему призванию чуткой критикой и любовной поддержкой. Я желал бы, чтобы у всех священников и служителей было такое пристанище.

· III ·
От желания руководить — к готовности быть ведомым

Искушение: желание властвовать

Позвольте рассказать вам еще об одном открытии, связанном с переездом из Гарварда в Ларк. Без сомнения, вместе с переездом произошел переход от желания руководить к готовности быть ведомым. Раньше я полагал, что с возрастом, обретая зрелость, смогу все больше и успешнее руководить людьми. Я считал, что обладаю неким знанием и способен донести его до паствы, и в этом отношении был совершенно уверен.

Но оказавшись среди умственно неполноценных людей, я потерял всякое спокойствие. Я понял, что каждый миг, каждый день и месяц полны неожиданностей — зачастую таких, к которым я меньше всего готов. Если Билл соглашался или был не согласен с моей проповедью, он не ждал окончания мессы, чтобы сказать мне об этом! В ответ на логичные доводы я слышал нечто совершенно нелогичное. Часто люди бормотали нечто несуразное, показывая тем самым, что мои слова или поступки не имели почти никакого отношения к тому, что они переживали. Красивые слова и убедительные доводы были теперь бессильны обуздать переживания. Когда умственные способности ограничены, люди изливают свою любовь, раздражение и тоску спонтанно, ничего не сдерживая. Члены общины, среди которых я поселился, не ведая о том, заставили меня осознать, что мое руководство сводилось лишь к улаживанию сложных ситуации, снятию эмоционального напряжения и развеиванию страхов. Мне потребовалось много времени, чтобы обрести спокойствие в подобной непредсказуемой обстановке, и до сих пор бывают минуты, когда я прибегаю к строгости и требую, чтобы все умолкли, встали в строй, выслушали меня и усвоили то, о чем я говорю. Но вместе с тем я ловлю себя на том, что мое руководство переходит в готовность быть ведомым. Я узнаю много нового не только о страданиях и переживаниях искалеченных людей, но и об их уни-

III. От желания руководить — к готовности быть ведомым

кальных дарованиях и добродетелях. Они открывают мне такую радость и мир, учат такой любви, заботе и молитве, о каких я никогда бы не узнал ни в одной академии. Они учат меня таким вещам — о горе и насилии, о страхе и равнодушии, — каким никто и никогда не смог бы меня научить. А главное, они открывают мне первоначальную любовь Бога, часто в те минуты, когда я испытываю чувство подавленности и бессилия.

Все вы знаете о том, что третьим искушением Иисуса было искушение власти. «Я дам тебе все царства мира и славу их», — говорил дьявол Иисусу. Когда я задумываюсь о том, в чем причина отхода стольких людей от церкви за последние десятилетия во Франции, Германии и Голландии, Канаде и Америке, мне невольно приходит на ум слово «власть». Беда христианства в том, что христианские руководители постоянно поддавались искушению власти — политической, военной, экономической или духовной — хотя выступали от имени Иисуса, Который не держался за Свою божественную власть, но уничижился и уподобился нам. Сильнейшее искушение — понимать власть как удачный способ проповеди Евангелия. Мы постоянно слышим (и сами говорим) о том, что власть — если используется для служения Богу и ближним — благо. Такое понимание лежало в основе крестовых походов, инквизиции, порабощения индейцев, стремления к влиятельному положению, возникновения дворцов епископов, дивных соборов и роскошных семинарий, а также бытовавших сделок с совестью. Всякий раз в момент кризиса в истории церкви, будь то великий раскол XI века, реформация XVI века или беспредельная секуляризация в XX столетии, основная причина разлада, как мы видим, — власть тех, что называют себя последователями избравшего бедность и отказавшегося от власти Иисуса.

Что делает искушение власти столь неодолимым? Быть может, власть предлагает удачную замену любви? Легче быть Богом, нежели любить Бога; легче править людьми, нежели любить их; легче обладать жизнью, нежели любить жизнь. Иисус

III. От желания руководить — к готовности быть ведомым

спрашивает: «Любишь ли ты Меня?» А мы спрашиваем: «Можно нам сесть у Тебя по правую руку и по левую в Царстве Твоем?» С той поры, как змей сказал: «В день, в который вы вкусите плодов этого дерева, откроются глаза ваши, и вы будете как боги, знающие добро и зло» (Быт. 3:5), для нас остается искушение подменять любовь властью. Иисус пережил это искушение, пройдя путем высшего страдания от пустыни к кресту. Долгая мучительная история Церкви есть история людей, вновь и вновь испытывающих искушение предпочесть власть и руководство любви, кресту и послушанию. Те, кто до конца преодолели это искушение и тем самым подают нам надежду, являются подлинными святыми.

Одно для меня очевидно: искушение власти сильнее, когда нет истинной близости к Богу. Во многих случаях христианскими руководителями являются те, кто не знают, как установить здоровые, близкие отношения с людьми, и предпочитают власть над ними.

Предупреждение: «Другой поведет тебя»

Теперь мы должны вновь обратиться к Иисусу. Трижды задав Петру вопрос: «Любишь ли ты Меня?», трижды повторив наказ быть пастырем, Иисус категорично произнес:

«Истинно, истинно говорю тебе: когда ты был молод, то препоясывался сам и ходил, куда хотел, но когда состаришься, то прострешь руки твои, и другой препояшет тебя, и поведет, куда не хочешь» (Ин. 21:18).

Именно эти слова сделали для меня возможным переезд из Гарварда в Ларк. В этих словах выражена суть христианского руководства, эти слова вновь и вновь показывают нам, как отказаться от власти и пойти за Иисусом путем смирения. Мир говорит: «Когда ты был молод, ты не принадлежал сам себе и не мог ходить, куда хотел, но когда ты состаришься, ты сможешь сам принимать решения, сможешь избрать свой путь и властвовать над своей судьбой». Но Иисус мыслит зрелость иначе: зрелость есть готовность быть ведомым, готовность идти туда, куда не хочется идти. Поручив Петру пасти овец, Иисус открывает ему суровую истину: руководитель-слуга — это тот руководитель, которого ведут в неизвестность, где его ожидает страдание. Путь христианского руководителя — это не путь восхождения, на которое делает ставку мир, но путь нисхождения, оканчивающийся на кресте. Такой путь может показаться мазохизмом, но для тех, кто услышал зов первоначальной любви и ответил согласием, Иисусов путь нисхождения есть путь к Божьим радости и миру, к «неотмирным» радости и миру.

Итак, мы затрагиваем самое главное качество христианского руководства будущего. Это руководство, зиждущееся не на власти, а на бессилии и смирении, в которых открылся страдающий Слуга Божий Иисус Христос. Безусловно, я говорю не о внутренней слабости и пассивности христианского руководителя, который становится игрушкой в руках окружающих его. Нет, я говорю о таком руководстве, при котором руководитель отказывается от власти ради любви. Это и есть истинное духовное руководство. Ненасилие и смирение в духовной жизни характеризуют не тех, у кого нет внутреннего стержня и кто позволяет любому принимать решения вместо себя, но тех, кто любят Иисуса и готовы последовать за Ним всюду, всегда веря в то, что с Ним они обретут жизнь, и жизнь с избытком.

Христианский руководитель будущего должен жить в совершенной бедности, беря с собой в путешествие лишь посох: «ни сумы, ни хлеба, ни меди в поясе... ни двух одежд» (Мк. 6:8). Что хорошего в бедности? Ничего, кроме того, что бедность позволяет нам руководить, будучи ведомыми. Мы будем зависеть от приятия и неприятия нас теми, к кому мы идем, и, таким образом, будем поистине водимы духом Иисуса, Он будет вести нас туда, куда пожелает. Богатство мешает нам идти по пути Иисуса. Павел пишет Тимофею: «Желающие обогащаться впадают в искушение и в сеть и во многие безрассудные и вредные похоти, которые погружают людей в бедствие и пагубу» (1 Тим. 6:9). Если Церковь и может возлагать надежды на что-либо в будущем, то это на Церковь, избравшую бедность, на Церковь в которой руководители готовы быть водимыми.

Путь: богословское размышление

Как же стать руководителем, который может жить с распростертыми руками? Я предлагаю путь напряженного богословского размышления. Подобно тому, как молитва связывает нас с первоначальной любовью, а исповедь и прощение сохраняют общинный и обоюдный характер нашего служения, напряженное богословское размышление позволяет критически осмыслять направление, в котором нас ведут.

Немногие служители и священники мыслят богословски. Обучение большинства из них проходило в атмосфере столь явно выраженного главенства наук о поведении, таких как психология и социология, что истинное богословие почти не изучалось.

Большинство христианских руководителей сегодня поднимают именно психологические или социальные вопросы, хотя и облекают их в библейские термины. Современным служителям не свойственно мыслить богословски, то есть мыслить, исполняясь ума Христова. Без глубоких богословских размышлений руководители будущего станут не более чем псевдопсихологами, псевдосоциологами и псевдосоциальными работниками. Они будут воодушевлять и всячески поддерживать, в роли матери или отца, старшего брата или сестры и т. п., и таким образом пополнят ряды тех, кто зарабатывает на жизнь, пытаясь помогать своим собратьям справиться с каждодневными стрессами и напряжением.

Но все это имеет мало общего с христианским руководством, поскольку христианский руководитель мыслит, говорит и действует во имя Иисуса, пришедшего избавить человечество от власти смерти и открыть путь к вечной жизни. Для того чтобы быть таким руководителем, необходимо в каждый конкретный момент осмыслять то, как Бог действует в человеческой истории и как события личной и общинной жизни, жизни государства и международные события могут открыть нам пути, которыми мы ведомы к кресту и через крест к воскресению.

Задача христианских руководителей будущего не в том, чтобы вносить свой незначительный вклад в разрешение проблем своего времени, облегчая страдания людей, но в том, чтобы выявлять и возвещать пути, которыми Иисус выводит народ Божий из рабства, через пустыню в новую землю, в свободу. Перед христианскими руководителями стоит трудная задача: откликаться на личные переживания людей, проблемы в семьях, национальные бедствия и политическое напряжение в мире неколебимой верой в реальное божественное присутствие. Они должны отвергнуть всякий фатализм и пораженчество, веру в случай; люди заблуждаются, веря в то, что предсказания статистиков истинны. Христианские руководители должны говорить «нет» всякому отчаянию, человеческая жизнь не должна восприниматься просто как стечение удачных или неудачных обстоятельств. Они должны препятствовать сентиментальным попыткам внушить людям покорность перед неизбежностью боли, страданий и смерти или стоическое безразличие ко всему страшному.

Одним словом, христианские руководители должны отринуть все мирское и возвещать: воплощение Слова Божьего, через Которое все начало быть, делает самое незначительное событие человеческой истории важным для вечности (превращает в Kairos), то есть каждое событие может приближать нас к Христу. Христианские руководители будущего должны быть богословами, людьми, познавшими Бога и научившимися — через молитву, учебные занятия и вдумчивые размышления — открывать божественный спасительный промысел в, казалось бы, случайных событиях современности.

В богословском размышлении человек осмысляет каждодневные горести и радости, исполняясь ума Христова, и таким образом познает Божий промысел. Путь богословского размышления труден, поскольку Божье присутствие часто бывает неявным, его нужно обнаружить. Оглушительный шум этого мира делает нас невосприимчивыми к тихому, нежному голосу Бога. Христианский руководитель призван помочь людям расслышать Его голос и обрести покой и утешение.

Я убежден в том, что христианское руководство будущего должно быть богословским. А для этого многое, очень многое должно измениться в семинариях и духовных школах. Они должны стать тем местом, где научат распознавать знамения времени. Семинарии и духовные школы не должны развивать исключительно интеллект, здесь должно происходить формирование духовной личности в целом — тела, разума и сердца. Думаю, мы лишь отчасти осознаем то, сколь обмирщали богословские школы. В большинстве семинарий не прививают ум Христа, Который не держался за власть, но уничижился, приняв образ раба. Наш мир, исполненный амбиций и духа соперничества, восстает против этого. И лишь постольку, поскольку происходит духовное формирование личности, у Церкви будущего столетия есть надежда.

Заключение

Позвольте подвести итог. Оказавшись в Ларке после Гарварда, я смог осознать, насколько в своих размышлениях о будущем церкви мной руководило желание быть нужным, стремление к известности и власти. Слишком часто я воспринимал известность и власть как составляющие действенного служения. Но дело в том, что все это лишь искушения. Иисус спрашивает: «Любишь ли ты Меня?» Иисус наказывает нам быть пастырями, Иисус предсказывает, что мы прострем руки, и нас поведут туда, куда мы не захотим идти. Он просит нас отказаться от стремления быть нужными и жить молитвой, радеть не об известности, но об общинном и обоюдном служении, отказаться от руководства, зиждущегося на власти, и руководить, осмысляя путь, которым Бог ведет нас и нашу общину.

Община Ларка открывает передо мной новые пути. Я плохой ученик, мне нелегко расстаться с прежними стереотипами, но размышляя о типе христианского руководителя будущего столетия, я убеждаюсь, что те, у кого я меньше всего думал научиться, указывают мне путь. Я уповаю на то, что открывшееся мне будет полезным не для меня одного, но поможет и вам представить христианского руководителя будущего.

Сказанное мной, конечно же не ново, но я уповаю на то, что вы поняли: самое давнее, традиционное представление о христианском руководстве еще ждет своего воплощения в будущем.

Я оставляю вам образ руководителя с распростертыми руками, избирающего жизнь нисхождения. Это беззащитный духовный руководитель, живущий молитвой и верой. Пусть же образ этот наполнит ваши сердца надеждой, мужеством и уверенностью в преддверии будущего столетия.

Эпилог

Одно дело размышлять на бумаге, и совсем другое — поделиться своими размышлениями в Вашингтоне. Когда мы с Биллом прилетели в Вашингтон, нас проводили в гостиницу «Кларендон» в Хрустальном городе, расположенную на том же берегу реки Потомак, что и аэропорт, и представляющую собой комплекс современных высотных зданий, словно целиком выстроенных из стекла. На нас обоих произвела большое впечатление роскошная обстановка. Каждому из нас отвели просторную комнату с двуспальной кроватью, ванной (с обилием полотенец) и телевизором с кабельным каналом. В комнате Билла на столе стояла ваза с фруктами и бутылка вина. Билл был в восторге. Будучи заядлым телезрителем, он устроился на кровати королевских размеров и при помощи пульта дистанционного управления прошелся по всем каналам.

Но подходило время нести благую весть. После изумительного ужина в одном из танцевальных залов, украшенном золочеными статуями и маленькими фонтанами, Винсент Дуайер представил меня присутствующим. В тот момент я все еще не знал, что будет представлять собой совместное с Биллом служение. Я начал выступление словами о том, что приехал не один и что рад быть вместе с Биллом. Потом я взял записи и начал свое выступление. В это время Билл поднялся со своего места, подошел к подиуму и расположился рядом со мной. Было очевидно, что он имеет гораздо более конкретное представление о том, что значит «вместе нести служение», чем я. Всякий раз, когда я прочитывал страницу, он переворачивал ее и откладывал на столик. Мне было это очень удобно, и я начал воспринимать присутствие Билла как своего рода поддержку. Но Билл не остановился на этом. Когда я стал говорить об искушении обратить камни в хлеб как об искушении быть нужным, он прервал меня и сказал в полный голос, что каждый мог слышать: «Я уже слышал об этом!» Так оно и было, и Билл лишь хотел, чтобы присутствовавшие священники и служители поняли, что он хорошо меня знает и знаком с моими суждениями. Для меня, однако, слова Билла прозвучали неназойливым напоминанием о том, что мои мысли были не так новы, как мне хотелось их представить. После вмешательства Билла атмосфера в зале стала иной, все почувствовали себя более раскованно. Билл внес в общение некую простоту, лишив его торжественности. По мере того как я продолжал выступление, я все больше чувствовал, что мы с Биллом выступаем вместе, и это было очень приятно.

Когда я перешел ко второй части и прочел слова «чаще всего умственно неполноценные люди, с которыми я живу, задают вопрос: "Ты сегодня вечером будешь дома?"» Билл вновь прервал меня и сказал: «Точно, Джон Смелцер всегда спрашивает об этом». И вновь в его словах было что-то обезоруживающее. Билл очень хорошо знал Джона Смелцера, прожил с ним не один год. Ему просто хотелось, чтобы слушатели узнали о том, что у него есть такой друг. Он словно приближал к нам слушателей, раскрывая перед ними нашу обыденную жизнь.

После того как я закончил чтение, и меня поблагодарили за выступление, Билл сказал мне: «Генри, можно теперь мне сказать?» Я испугался: «Как мне это устроить? Он может начать говорить вздор, и будет очень неловко». Но поймав себя на мысли, что Билл не может сказать ничего существенного, я обратился к аудитории: «Будьте любезны, присядьте. Билл хотел бы сказать вам несколько слов». Билл взял микрофон и преодолевая все речевые трудности сказал: «В прошлый раз, когда Генри ездил в Бостон, он взял с собой Джона Смелцера. А в этот раз он хотел, чтобы я поехал с ним в Вашингтон, и я очень рад быть здесь с вами. Большое спасибо». Вот и все, и присутствовавшие встали и от души аплодировали ему.

Когда мы возвращались на свои места, Билл сказал мне: «Генри, тебе понравилось мое выступление?» — «Очень, — ответил я, — всех порадовало то, что ты сказал». Билл был в восторге. В перерыве он чувствовал себя раскованнее, чем когда бы то ни было. Он подходил ко всем, представлялся, спрашивал о впечатлениях от вечера и рассказывал всяческие истории из жизни в Дэйбрейке. Я не видел его более часа, он был слишком занят, знакомясь со всеми.

На следующее утро за завтраком, перед нашим отъездом, Билл обошел все столики с чашкой кофе в руках и попрощался со всеми, с кем познакомился накануне вечером. Я понял, что у него появилось много друзей, и что ему очень уютно в этой необычной для него обстановке.

На обратном пути в Торонто, оторвавшись от книжечки с ребусами, которую он всегда берет с собой, спросил: «Генри, тебе понравилась наша поездка?» — «О, да, ответил я, — это была чудесная поездка, я так рад, что ты был со мной». Билл посмотрел на меня внимательно и спросил: «И мы все делали вместе, правда?» И тут я в полной мере осознал истинность слов Иисуса: «Где двое или трое собраны во имя Мое, там Я посреди них» (Мф. 18:20). Раньше я всегда самостоятельно читал лекции и проповеди, выступал перед аудиторией. Я часто размышлял о том, что из сказанного мной запомнится слушателям. И вот теперь меня озарило: вероятнее всего, многое из того, о чем я говорил, запомнится не надолго, а вот то, что мы выступали вместе с Биллом, не забудется. Я уповал на то, что присутствие Иисуса, пославшего нас вдвоем и пребывавшего с нами на протяжении всей поездки, откроется тем, кто присутствовал в гостинице «Кларендон» в Хрустальном городе.

Когда самолет приземлился, я сказал Биллу: «Спасибо большое, что ты поехал со мной. Это было чудесное путешествие, а то, что мы делали, мы делали вместе, во имя Иисуса». Сомнений в этом у меня не было.

Содержание

Предисловие 5
Благодарность 7
Пролог 9
Введение 15

I · От желания быть нужным — к молитве
Искушение: желание быть нужным 21
Вопрос: «Любишь ли ты Меня?» 27
Путь: созерцательная молитва 31

II · От тщеславия — к служению
Искушение: стремление
производить впечатление 39
Поручение: «Паси овец Моих» 43
Путь: исповедь и прощение 47

III · От желания руководить — к готовности быть ведомым
Искушение: желание властвовать 55
Предупреждение: «Другой поведет тебя» 60
Путь: богословское размышление 63

Заключение 69
Эпилог 71

Lightning Source UK Ltd.
Milton Keynes UK
UKOW04f1816240915

259233UK00004B/54/P